이선비, 한옥을 짓다

이선비, 한옥을 짓다

세계로 글 | 이우창 그림

차례

드디어 궁궐 • 7
옛날 임금님은 어떤 집에 살았을까?_**서울의 다섯 궁궐** • 20

신 목수를 찾아서 • 25
옛날 사람들은 어떤 집에 살았을까?_**한옥 둘러보기** • 44

깊은 산속 호랑이 • 47
옛날 사람들은 어떤 집에 살았을까?_**지역별 집 모양** • 60

나도 아버지가 있었으면 좋겠어 • 63
옛날 사람들은 어떤 집에 살았을까?_**한옥의 과학성** • 78

목수 따위 필요 없어! • 83
옛날 사람들은 어떻게 집을 지었을까?_**한옥 짓는 과정** • 100

어진 마음을 기르는 곳, 수인재 • 105
옛날 사람들은 어떤 집에 살았을까?_**한옥 체험 마을** • 116

세계로 선생님들이 들려주는 우리 한옥 이야기 • 118

나오는 사람들

이세로 (이선비)
호기심이 왕성해 늘 좌충우돌하는 이선비. 드디어 관직을 얻은 이선비는 공조에 배속되어 세자 저하의 서재를 만들라는 첫 임무를 맡게 된다. 하지만 아들을 잃은 상처에 세상과 담을 쌓은 신목수의 마음을 돌리기가 쉽지 않은데……. 과연 이선비는 신목수를 설득하여 궁궐의 서재를 완성할 수 있을까?

신목수
조선 제일의 목수로, 이선비와는 첫 대면부터 티격태격 부딪힌다. 무뚝뚝해 보이지만, 부모에게 버림받은 동자승을 가엾게 여겨 제자로 삼기도 한 속정 깊은 인물. 과연 이선비와 힘을 합쳐 서재 짓는 일을 마무리할 수 있을까?

돌쇠
이세로를 돕는 하인. 어리숙해서 종종 구박을 받기도 하지만, 세로를 지극정성으로 챙긴다. 눈치도 없고 제멋대로인 돌쇠가 이세로를 잘 도울 수 있을까?

드디어 궁궐

"아직도 밤이냐?"

이세로는 이불을 밀쳐 내고 벌떡 일어나 앉았어요. 들뜬 마음에 잠을 이룰 수가 없었지요.

"드렁, 드렁……."

대답 없이 돌쇠의 코 고는 소리만 들려올 뿐이었어요.

"동이 트려면 아직 먼 게냐?"

"드르……렁."

이세로는 안달을 했지만 하인 돌쇠는 방문 밖에서 코를 골며 자고 있었어요.

과거에 합격하고, 이제 입궐……. 오늘은 정식으로 나랏일을 하러 가는 첫날이에요. 머리맡에 관복도 걸어 두었고 버선도 챙겨 놓았어요. 방문 밖 댓돌에는 잘 닦은 신도 놓여 있었지요.

"오늘이 첫날 아니냐……."

이세로가 불러도 돌쇠는 미동도 하지 않았어요.

"좀 주무세유. 밤새 그러셔야 아무 소용 없어유."

돌쇠는 잠결에 세로에게 퉁을 놓더니 다시 코를 골았어요.

'지금 가 볼까? 임금님은 일어나셨을까? 나는 어떤 일을 맡게 되려나?'

이세로는 오늘만큼은 가장 먼저 궁에 들어가는 사람이고 싶었어요. 나랏일을 하게 된 첫날을 멋지게 시작하고 싶었지요.

"안 되겠다. 그냥 가자."

이세로는 벌떡 일어나 준비해 둔 옷을 입었어요. 코를 골며 자고 있는 돌쇠도 일으켜 세웠지요.

궁궐 문은 꽉 닫혀 있었어요. 궐 앞에는 궁을 지키는 수문군이 긴 창을 들고 서 있었지요.

"그거 보세유. 아직이라고 했잖아유."

돌쇠는 문 앞에 쪼그려 앉아서 투덜거렸어요. 하지만 이세로는 달랐어요.

"무슨 소리! 이제 곧 열린다니까 그러는구나."

이세로는 가슴을 활짝 펴고 두 주먹을 굳게 쥐고 당당하게 서 있었지요. 이제 들어갈 일만 남았으니까요.

임금님이 나랏일을 보시는 정전, 신하들이 조회를 하는 조정, 처마 위의 잡상, 박석에 차일고리, 불이 날 것에 대비해 물을 채워 놓는다는 드므까지, 궐 안의 모든 것들이 이세로를 기다리는 것처럼 느껴졌어요. 가슴이 쿵쿵 뛰었어요.

드디어 날이 밝았어요. 대궐의 문이 활짝 열렸습니다.

이세로는 어느새 임금님이 나랏일을 보신다는 정전을 향해 걸어가고 있었어요. 정전은 넓은 월대 위에 웅장한 모습으로 서 있었어요. 마치 임금님이 두 팔을 벌리고 만백성을 품는 것처럼 보였지요.

문득 아버지의 말씀이 생각났어요. 과거에 합격했을 때 하신 말씀이었지요.

"너는 이제 나라의 일꾼이 되었다. 아래로는 만백성이 너를 바라볼 것이며, 위로는 주상 전하와 조정 대신들이 너를 지켜볼 것이야. 앞으로 주상 전하의 뜻을 받들어 본분을 다하고, 책임을 완수하는 데 모든 힘을 쏟아야 한다."

그러자 이제까지 가졌던 호들갑스러운 마음은 모두 사라졌어요. 임금님의 뜻을 받들고 나라를 위하겠다는 결심이 가슴 깊은 곳에서 샘솟았습니다.

아침 햇살이 환하게 조정을 비추자, 이세로는 문득 이런 생각이 들었어요.

'여기 이곳에, 이 나라의 신하들이 모두 늘어선다면 어떨까? 얼마나 대단할까?'

이세로는 문무백관이 조정을 가득 채우고 서 있는 모습을 상상해 보았어요. 문관과 무관들이 열을 지어 늘어서 있고 그 주위에는 궁을 지키는 군사들이 둘러선 모습을 말이에요. 임금님은 위엄 있는 모습으로 신하들을 내려다보실 거예요. 신하들이 일제히 무릎을 꿇고 절을 하겠지요. 그 모습은 아마 붉고 푸른 물결 같을 거예요.

이세로는 저도 모르게 무릎을 꿇고 절을 했어요. '쿵!' 너무 세게 절하는 바람에 바닥에 이마를 찧었지만, 하나도 아프지 않았어요. 그러고는 크게 외쳤어요.

"신하 이세로, 나라를 위해 목숨 바칠 각오로 이 자리에 왔나

이다. 분부만 내리옵소서. 전하를 위해, 또 나라를 위해 어떤 일이라도 하겠나이다."

그때였어요. 인기척이 났어요.

고개를 들어 보니, 긴 행렬이 바쁘게 움직이고 있었어요.

"뭐 하는 사람들이지?"

눈으로 행렬의 맨 앞을 따라가 보니, 거기에는 임금님이 계셨어요. 임금님 뒤로 몇몇 대감들과 내관들, 무관들이 줄을 지어 따르고 있었지요.

"앗, 주상 전하!"

그러고 보니, 아무도 없는 정전 앞에 이세로 혼자 바닥에 엎드려 있잖아요.

"아, 이런……."

이세로는 벌떡 일어나 자세를 가다듬었어요. 이마를 싹싹 문지르고 무릎에 묻은 먼지도 털었어요. 그리고 임금님이 계신 쪽

으로 허리를 숙여 절을 했어요.

 임금님이 정전으로 들어가실 때까지 이세로는 고개를 들지 않았어요. 기분이 좋아서 고개를 들면 야호 소리를 지를 것만 같았어요. 분명 임금님께서 이렇게 말씀하시는 걸 들었거든요.

 "충심이 대단한 자인가 보구나, 허허허!"

이세로가 일하게 된 곳은 공조였어요.

공조는 궁궐을 짓거나 고치는 일을 하는 곳이에요. 궁궐뿐 아니라 궐 안에 필요한 거처나 대신들이 일하는 곳을 짓기도 하고, 가끔 궐 안팎에서 불이 나거나 부서진 곳이 생기면 고치거나 다시 짓기도 했어요.

임금님과 아침 조회를 마치고 돌아온 공조 판서 대감이 말문을 열었어요.

"세자 저하께서 책을 가까이하고 마음을 수양하실 곳이 필요하다 하십니다."

그러자 대신들이 저마다 의견을 내놓았지요.

"책이 많을 터이니 바람이 잘 통하고 여름에도 습하지 않아야 할 것입니다."

"후원에 크게 터를 잡고 앞에 연못을 내면 어떻겠습니까?"

"무엇보다 세자 저하의 큰 뜻을 나타내도록 높은 곳에 지어야 합니다."

그때 대신 가운데 한 명이 조심스럽게 말했어요.

"세자 저하의 처소이니 최고의 대목을 써야 할 텐데요?"

목수 중에서도 기둥을 세우고 지붕을 올리는 일을 하는 목수를 '대목'이라고 해요. 집이 설 자리를 잡고 집의 뼈대를 세우기 때문에 대목의 일은 매우 중요했어요. 그런 대목 가운데서도 궁이나 절처럼 큰 건물을 짓는 목수를 '장인 목수'라 했지요. 그러니 장인 목수를 정하는 것은 가장 중요한 일이었어요.

이세로는 솔깃했어요.

'대체 누가 최고의 장인일까?'

"전하께서 대목 신 씨를 부르라 하셨습니다."

공판 대감은 당연하다는 듯 말했지요.

"하지만 그는……."

다른 대신이 말을 꺼내려다가 그만두었어요. 공판 대감이 흠 흠 하며 헛기침을 했기 때문이었지요.

공판 대감은 구석에 서 있던 이세로를 불렀어요.

"자네."

"저, 저 말씀입니까?"

"전하께서 아까 조정에 엎드린 자네를 보시고, 이번 일을 맡겨 보라 하셨네."

"성은이 망극하옵니다!"

이세로는 너무 기뻤어요. 입궐한 첫날에 중요한 일을 맡게 되었으니까요.

공판 대감은 교지가 적힌 두루마리를 이세로에게 건넸어요.

"대목 신 씨에게 어명을 전하고 바로 일을 시작하게."

이세로는 교지를 받아들고 꾸벅 절을 했어요.

"걱정 마십시오, 대감."

이세로는 조심스럽게 밖으로 나왔어요. 문을 닫자마자 펄쩍 펄쩍 뛰었지요.

'어명을 전하고 일을 시키는 것이 뭐가 어렵겠어.'

이세로는 기뻐서 저도 모르게 큰 소리를 낼 뻔했어요. 처음으로 어명을 받았을 뿐 아니라, 멋지게 서재 짓는 일을 하게 되었으니까요.

하지만 대신들은 걱정스러운 마음이 컸어요.

"과연 저 친구가 신목수를 데려올 수 있을지……."

옛날 임금님은 어떤 집에 살았을까? 서울의 다섯 궁궐

궁궐은 나라를 다스렸던 최고 통치자인 왕이 살았던 곳입니다. '궁궐'이란 왕과 그 가족들이 살던 큰 집을 의미하는 '궁(宮)'과 궁의 출입문 좌우에 세웠던 망루(적이 침입해 오는지 망을 보는 곳)와 담으로 둘러싸인 곳을 의미하는 '궐(闕)'이 합쳐진 말입니다. 보통 한 시대에 적어도 두 개 이상의 궁궐을 지었습니다. 궁궐에 불이 나거나 전염병이라도 돌게 되면 당장 왕이 지낼 곳이 없어질 테니, 그런 만약의 사태에 대비해 다른 궁을 만들어 두는 것이지요. 왕이 주로 지내는 궁을 '법궁'이라 하고, 임시로 머물도록 지은 궁을 '이궁'이라고 합니다.

창경궁

성종 때 궁궐의 웃어른들을 모시기 위해 지은 궁궐입니다. 정조·순조·헌종을 비롯해 많은 왕들이 태어난 중요한 궁이었지만, 1909년 일제가 궁궐 안의 건물들을 헐어 내고 동물원과 식물원을 설치하였으며, 궁의 이름을 창경원으로 낮추기까지 하였어요. 1984년 궁궐 복원 사업이 시작된 뒤 원래의 이름인 창경궁을 되찾았습니다.

숙정문(북대문)

창덕궁
창경궁
종묘

흥인지문
(동대문)

창덕궁

창덕궁은 1405년에 태종이 이궁으로 지은 궁궐입니다. 경복궁의 동쪽에 있어서 이웃한 창경궁과 더불어 '동궐'이라고 불렸습니다. 임진왜란 때 경복궁·창경궁과 함께 불탄 뒤 가장 먼저 다시 지어졌고, 이후 300년 동안 조선의 정궁 역할을 하였답니다. 1997년 유네스코 세계 문화유산으로 등록되었습니다.

경운궁(덕수궁)

1907년 고종이 순종에게 왕위를 물려주고 이곳에 살면서 경운궁에서 덕수궁으로 이름이 바뀌었습니다. 경운궁은 우리의 전통 건축과 서양식 건축이 함께 남아 있는 특색 있는 궁궐이에요.

경복궁

조선 시대 궁궐 중 가장 중심이 되는 법궁으로, 조선을 세운 태조 이성계가 한양으로 수도를 옮긴 뒤 가장 먼저 세웠어요. 임진왜란 때 불탄 뒤 300여 년이 지난 고종 초기에 다시 지어졌습니다.

경희궁

광해군 때 지어진 궁궐로 도성의 서쪽에 있다고 하여 '서궐'이라고 불렸습니다. 일제에 의해 대부분의 건물이 헐리고 면적도 절반 정도로 줄어들어 궁궐의 모습을 잃었다가, 지금은 숭정전을 비롯한 일부 건물이 복원되었습니다.

궁궐의 구조와 영역

내전(■ 색깔 부분)
왕과 왕비의 개인적인 공간입니다. 내전에는 왕이 주무시는 침전과 왕비가 생활하는 중궁전, 왕의 어머니나 할머니가 머무는 대비전, 세자의 생활 공간인 동궁전 등이 있습니다. 동궁전은 세자가 앞으로 왕이 되기 위해 준비를 하는 곳이기 때문에 내전 중 가장 중요한 곳이었습니다. 그렇다면 세자의 생활 공간을 동쪽에 지은 이유는 무엇일까요? 해가 떠오르는 동쪽에 두어 새로운 시작을 준비하라는 뜻이었답니다.

외전(■ 색깔 부분)
왕이 신하들과 함께 나랏일을 결정하고 나라의 큰 행사를 여는 공적인 곳입니다. 왕은 신하들과 같이 조회를 하기도 하고 외국에서 온 사신들을 위해 공식 환영회를 열기도 합니다. 외전은 신하들과 함께 국가의 행사를 진행하거나 조회를 하는 정전, 임금의 사무실인 편전, 그리고 조선의 관청들이 모여 있는 궐내각사로 나뉩니다. 궐내각사에는 임금의 치료를 담당하는 내의원, 음식을 담당하던 수라간 등이 있습니다.

후원(■ 색깔 부분)
궁궐에서 생활하는 왕과 가족들의 휴식 공간입니다. 후원에는 정자와 작은 연못이 있으며 왕이 직접 농사를 체험할 수 있는 작은 논도 마련되어 있어요. 특히 창덕궁의 후원에는 160여 종의 나무들이 울창하게 숲을 이루고 있으며, 그중 300년이 넘는 오래된 나무들도 있습니다. 또한 작은 정자와 연못이 아름답게 자리잡고 있어서 창덕궁은 조선 최고의 후원으로 꼽힌답니다.

궁궐 구석구석 들여다보기

삼지창과 부시
궁궐의 지붕 밑 처마를 보면 그물과 쇠꼬챙이가 있어요. 웬 그물과 쇠꼬챙이일까요? 위엄 있는 궁궐에 새가 둥지를 짓거나 구렁이가 살면 안 되겠죠? 그래서 건물을 다 지은 뒤 그물인 부시와 쇠꼬챙이인 삼지창을 설치해 새나 구렁이가 아예 침입을 못하게 했던 것이랍니다.

잡상과 해태

왼쪽 조각상은 궁궐 지붕에 있는 '잡상'이라고 해요. 보통 《서유기》라는 이야기에 나오는 손오공, 저팔계, 사오정 등을 잡상으로 만들어 놓는답니다. 오른쪽 조각상은 '해태'예요. 해태는 평소에는 착하고 순하지만, 사람들이 싸우거나 나쁜 일을 하면 머리의 뿔로 받는 상상의 동물이에요. 잡상과 해태는 나쁜 귀신이나 기운을 막아 주는 궁궐의 수호신 역할을 한답니다.

드므
드므는 궁궐의 소화기 역할을 했어요. 궁궐 안의 많은 건축물은 나무로 만들어져서 불이 나면 큰 화재로 번질 위험이 있어요. 때문에 이를 예방하고자 궁 곳곳에 드므를 두고 그 안에 물을 담아 놓았어요. 추운 겨울날이면 드므의 물을 계속 저어 주거나, 드므 밑에 불을 지펴 물이 어는 것을 막았다고 해요.

차일고리
궁궐의 정전 바닥에 박혀 있는 쇠고리를 '차일고리'라고 해요. 정전에서 큰 행사를 벌일 때는 건물의 문을 모두 활짝 열어 둔답니다. 그때 건물 바로 앞에 큰 천막을 쳐서 햇빛을 가리거나 비를 막았는데, 이때 치는 천막을 '차일'이라 하고 천막을 고정시켰던 고리를 '차일고리'라고 합니다.

신 목수를 찾아서

이세로는 서둘러 운종가로 나섰어요. 육의전이 있는 운종가는 상인과 도성 사람들로 늘 북적였습니다. 그러니 최고의 목수에 대해 아는 사람이 있으리라 생각했어요.

세로의 생각대로 일은 아주 쉽게 풀렸어요. 신 목수는 북촌에 있는 어느 대감댁의 별당을 짓고 있다고 했습니다.

이세로는 서둘러 그 대감댁을 찾아갔어요.

새로 별당이 들어설 곳에는 인부들과 하인들이 모여 있었어요. 마당 한쪽에는 서까래로 쓸 나무가 쌓여 있고, 건장한 일꾼들이 기둥을 세우고 있었어요. 그 가운데 산적같이 생긴 대장 목수가 있었어요. 덩치는 산처럼 크고 얼굴에 수염이 가득했어요. 떡하니 기둥 아랫부분을 받치고 '이여차!' 고함을 지르고 있었지요. 일꾼들이 대장 목수의 고함에 맞춰 기둥을 조금씩 세워 나갔어요.

"거참, 신기하구나."

이세로는 기둥 세우는 구경에 홀딱 빠졌어요. 인부들이 힘을 모을 때는 이세로도 팔에 힘을 주었고, '어허헛!' 하고 기합을 넣을 때는 속으로 함께 기합을 넣었어요.

마지막 기둥까지 세우고, 잠시 쉴 때였어요. 젊은 목수가 기둥과 기둥 사이에 끼울 보를 가지고 왔어요. 산적 같은 목수에게 이음새가 잘 깎였는지 물어보는 것 같았어요.

"네가 한 치 틀리면 결국에 가서는 집 전체가 잘못된다고 누

누이 말하지 않았느냐!"

대장 목수가 벌떡 일어서자, 젊은 목수는 기겁을 했어요. 이세로도 가슴이 철렁했지요.

"다른 것도 보자!"

대장 목수는 저벅저벅 걸어가 다른 나무들을 살피고는 고개를 끄덕였어요. 다행히 나머지 것들은 괜찮았나 봅니다.

일은 척척 진행되었어요. 건장한 인부들이 땀을 흘리며 큰 나무들을 기둥 위로 끌어올리고, 기둥과 기둥을 잇고 맞추어서 지붕을 올릴 수 있도록 준비해 갔어요. 이윽고 대들보를 올릴 때가 되었어요.

"자, 힘 좀 써 봅시다."

대장 목수가 말하자, 인부들이 대들보 앞에 섰어요. 대들보는 아주 크고 길고 두꺼웠어요. 무게가 엄청날 것 같았습니다. 인부 여럿이 들어 올리는 것도 모자라, 밧줄을 걸고 있는 힘껏 잡

아당겨야 했어요.

대장 목수의 호령에 맞춰 '어여차, 어여차!' 하며 대들보를 끌어올리던 중이었어요. 한 인부의 손이 미끄러져서 밧줄이 조금 풀렸어요. 대들보가 휘청하며 한쪽으로 크게 흔들렸습니다.

"어, 어, 엇……!"

인부들이 놀라서 소리쳤어요. 자칫하면 사람이 다치겠다 싶었지요.

다시 균형을 잡고 들보를 올렸어요. 다 올라가자, 사람들이 '와!' 하고 탄성을 질렀어요. 이세로도 안도의 한숨을 내쉬었어요. 직접 들보가 올라가는 것을 보니 이세로도 조마조마한 마음이 들었어요.

"거참, 대들보라더니 정말 대단하구나."

이세로는 이곳에 온 이유도 잊고 목수들과 일꾼들을 보는 데 빠져 있었어요.

하지만 돌쇠는 달랐어요. 눈은 대들보를 보고 있으나 마음은 뒷간을 찾고 있었어요. 아까 먹은 밥이 탈이 난 모양이에요.

갑자기 배가 싸르르 하면서, 참을 수가 없었어요. 돌쇠는 아랫배를 잡고 허둥거렸어요.

"뒷간이 어디래유?"

얼굴이 허얘진 돌쇠가 옆에 있던 하인에게 물었어요. 하인이 피식 웃으며 손으로 행랑채 쪽을 가리켰어요. 돌쇠는 조심스럽게 뛰기 시작했어요. 마음은 급했지만, 잘못 뛰다가는 바지에 지릴 것 같았거든요.

하인들의 거처인 행랑채로 들어섰을 때였어요. 갑자기 문이 벌컥 열리면서 예쁜 하녀 아이가 나왔어요. 돌쇠는 깜짝 놀라 걸음을 멈추었어요. 두 다리를 꼬며 어쩔 줄을 몰라 하다가 얼른 행랑채에서 도망쳐 나왔습니다.

"하필 이런 때에……."

돌쇠는 사랑채를 향해 뛰기 시작했어요. 대감마님이 안 계시기만을 바랐지요. 돌쇠는 뛰다가 말고 아주 급해졌는지, 뒤춤을 잡고 어깃어깃 걷기 시작했어요.

사랑채 쪽으로 가고 있다고 생각했는데 뭔가 이상했어요.

"아니, 여기가 어디지?"

어디서 밥 짓는 연기가 모락모락 났어요. 만약 부엌이라면 이곳은 분명 안채일 거예요. 안채는 안방마님과 여자들이 주로 지내는 곳이어서 바깥 사람들이 함부로 들어가면 안 돼요.

하지만 돌쇠는 걸음을 멈출 수가 없었어요. 당장 아무 데서라도 볼일을 보고 싶은 심정이에요. 등줄기를 따라 식은땀이 주르륵 흘러내리는 게 느껴졌어요.

아니나 다를까, 부엌에서 한 아낙이 술상을

들고 나왔어요.

"아이고머니, 웬 남정네야!"

아낙은 소리를 지르다가 술상을 떨어뜨리고 말았어요.

"그게 아녀유. 제가 뒷간이 급해서……."

돌쇠는 서둘러 안채를 빠져나왔어요. 이제 걷기조차 힘들었어요. 움직일 때마다 엉덩이에서 무언가가 찔금찔금 흘러나올 것만 같았어요.

그때, 저 멀리서 몽둥이를 들고 뛰어오는 하인이 보였어요.

안채에서 비명 소리가 났으니, 도둑이 든 줄 알고 잡으러 왔겠지요. 그 큰 몽둥이를 보고도 돌쇠는 하인이 반갑기만 했어요.

"대체 뒤, 뒤, 뒷간은 어디래유?"

달려나온 하인은 돌쇠를 보더니 그만 웃고 말았어요.

"허허허, 자네 뭐가 급하긴 급한가 보구먼."

돌쇠는 간신히 뒷간을 찾아 들어갔어요.

'뿌지직 풍풍!' 뒷간에서 들리는 소리는 엄청나게 크고 냄새는 말도 못하게 고약했어요. 하지만 돌쇠의 마음과 뱃속은 더없이 시원했답니다.

돌쇠가 뒷간을 찾아 온 집을 휘젓고 다니는 동안, 이세로는 집 짓는 구경에 빠져 있었어요. 완성된 집의 뼈대를 보자니, 입이 떡 벌어졌지요.

산적같이 생긴 대장 목수는 마디가 굵은 손을 탁탁 털고는 주춧돌부터 기둥과 대들보까지 찬찬히 바라보았어요.

"역시 대단해. 대목장을 맡을 사람이라면 이 정도는 돼야지. 아, 맞다!"

그때서야 이세로는 어명 생각이 났어요.

'내가 넋을 놓고 뭘 하고 있었단 말인가!'

세로는 허둥지둥 어명이 담긴 두루마리를 찾은 다음, 목수에게 다가갔어요. '흠흠!' 헛기침을 하고 점잖게 말을 건넸지요.

"자네가 한양에서 으뜸이라는 신목수인가?"

"예, 그렇습니다요."

"내 자네에게 궐 안의 일을 맡기러……."

"궐의 일이라니요……, 나으리?"

"자네가 궐의 일을 맡아 하는 대목 신 씨 아닌가?"

"저는 그저 양반 댁 일을 하는 대목 신 씨입니다."

"뭐라고? 그게 무슨 말인가?"

"궁궐이나 절을 짓는 뛰어난 분들은 따로 있지요. 아마 선비님께서 찾으시는 분은 그분일 겝니다. 집을 지어도 사람을 짓는 듯하고, 기와 한 장을 올려도 온 마음을 다해 올리게 한다는 장인 신목수 말입니다."

이세로는 속으로 '아, 내가 찾는 신목수가 그런 사람인가!' 싶었어요. 이세로는 차마 모른다고 할 수 없어서 짐짓 아는 척을 했지요.

"그렇지, 그렇고말고. 바로 그 신목수 말일세."

"참 대단한 분이지요. 제가 그분과 일을 할 때는 어떤 모양의 주춧돌을 놓아도 딱딱 맞도록 그렝이질을 했고, 기둥머리를 맞출 때도 틀림없이 깎아 드렸지요. 제가 친 먹줄은 확인도 않고 깎으라 하실 정도였으니까요."

신목수 칭찬이 끝도 없이 이어졌어요.

"그래, 그 신목수는 어디 있는가? 내 어서 만나야겠네."

"몇 해 전부터 전국을 떠돈다는 말만 들었습니다."

"떠돌다니? 그럼 어디 있는지 모른다는 말인가?"

"예. 늘 그분의 일을 맡아 하는 석수장이 김 씨가 어디서 보았다고는 하던데……."

그제야 볼일을 마치고 돌쇠가 돌아왔어요. 바지춤을 추키며 이세로에게 물었어요.

"누가 어딜 떠돈다고 그런대유?"

"돌쇠야, 어서 가자. 신목수가 여기 없다는구나."

이세로는 마음이 급해졌어요.

이세로는 신목수를 보았다는 석수장이를 찾아갔어요.

"대목장을 지낸 신목수를 아는가?"

"알다마다요. 제가 처음으로 서수를 깎을 때였지요. 저보고 살아 움직이는 것처럼 돌을 깎아 보라는 거예요. 쳇, 내 실력을 보여 주마 했지요. 뛰어내리려고 몸을 뻗는 짐승 모양으로 돌을 깎았습니다. 그런데 좋다고 하시는 거예요. 그리 별스럽게 깎은 돌이 수백 개는 될 것입니다. 그런데 그분은 왜 찾으십니까?"

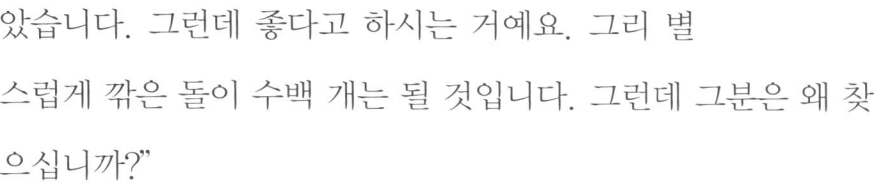

서수는 짐승의 모습을 새겨서 만든 돌조각이에요. 이세로는 얼마 전 궁에서 보았던 희한한 모양의 서수가 떠올랐어요. 다리에 새겨진 돌조각이었는데, 금방이라도 물속에 뛰어들 것 같은 모습이었지요.

"신목수를 만나야 할 일이 있네."

"한 삼사 년 전에 저 멀리 제주도에서 그분을 보았다는 사람이 있습니다."

"그래?"

"기와장이였지요, 아마."

이세로는 기와장이가 사는 곳을 물어 그곳으로 찾아갔어요.

"자네, 신목수를 아는가?"

"알다마다요. 기둥만 떡 세워 놓은 집을 가리키면서 자연의 느낌을 살려 달라는 분이지요. 대체 뭘 살리라는 건가 했더니, 지붕에서 처마로 멋스런 어깨 춤 같은 선이 있더라고요. 그 말씀을 따라 기와를 올렸더니 크게 흡족해 하셨드랬지요. 헌데 그분은 왜 찾으십니까?"

기와장이 말을 듣고 보니, 지붕이 다 같은 지붕이 아니고 처마 또한 다 같은 처마가 아니구나 싶었어요.

"내가 꼭 신목수를 만나야 할 일이 있네."

"작년에 강원도 산골에서 그분을 봤다는 사람이 있기는 한데……."

"그게 누구인가?"

이세로가 다급하게 물었습니다.

"단청장이였습니다."

이세로는 그 길로 곧장 단청장이를 찾아가 물었어요.

"여보게. 대목장을 지냈다는 신목수를 아는가?"

"알지요, 알다마다요. 제가 나랏일을 하는 도채공이 되었을 때 처음 뵈었지요. 단청을 어찌 그릴까 고민하고 있는데, 불쑥 나타나 한마디

던지고 가시더군요. 소탈하게 칠해 보라고요."

"신목수가 자네에게 조언을 해?"

이세로는 이상한 생각이 들었어요. 신목수가 단청에 관해서도 잘 아는가 싶어 의아했습니다.

"예. 저 또한 목수가 도채공한테 웬 참견이냐 싶어서 무시했는데, 문득 그리 해 보는 것도 좋겠다 생각되더이다. 화려함을 버리고 자연 빛을 활용해서 소박하게 꾸몄더랬지요. 보는 사람마다 칭찬이 끊이지 않기에 그분의 안목이 대단함을 느꼈습니다. 그런데 그분을 왜 찾으십니까?"

이쯤 되자, 이세로는 신목수를 꼭 만나 보고 싶었어요. 최고의 장인들이 인정하는 그 사람이 어떤 사람인지 정말 궁금했거든요.

"신목수가 꼭 해 주어야 할 일이 있네. 어디에 가면 그 사람을 찾을 수 있겠나?"

"그게, 몇 달 전에 강화에서 봤다는 사람이 있었지요."

"강화?"

"예. 거기에 아주 오래된 절이 하나 있는데 그분께는 집이나 다름없는 곳이거든요."

옛날 사람들은 어떤 집에 살았을까?
한옥 둘러보기

양반들이 살았던 기와집은 집 밖에서 내부의 건물이나 사람들이 보이지 않도록 집 둘레에 담을 쌓았고, 솟을대문을 높이 두어 사는 이의 위엄을 나타냈어요.
집 안에는 여러 동의 건물이 있는데, 각 건물은 담으로 구분되었어요. 주인 가족과 하인들이 사는 곳이 엄격히 나뉘었으며, 남자와 여자가 사는 곳도 분리하여 담을 두고 서로 왕래했답니다.

안채
여주인을 비롯한 집안 여성들이 지내는 곳으로, 대문에서 가장 멀리 떨어져 있어요. 이곳에서 출산, 임종 등 집안의 중요한 일이 이루어지며, 가족의 의식주를 전담하는 공간이기도 했어요.

행랑채
대문에서 가장 가까운 곳에 있으며, 문간채라고도 불러요.
주로 머슴들이 생활하는 곳입니다.

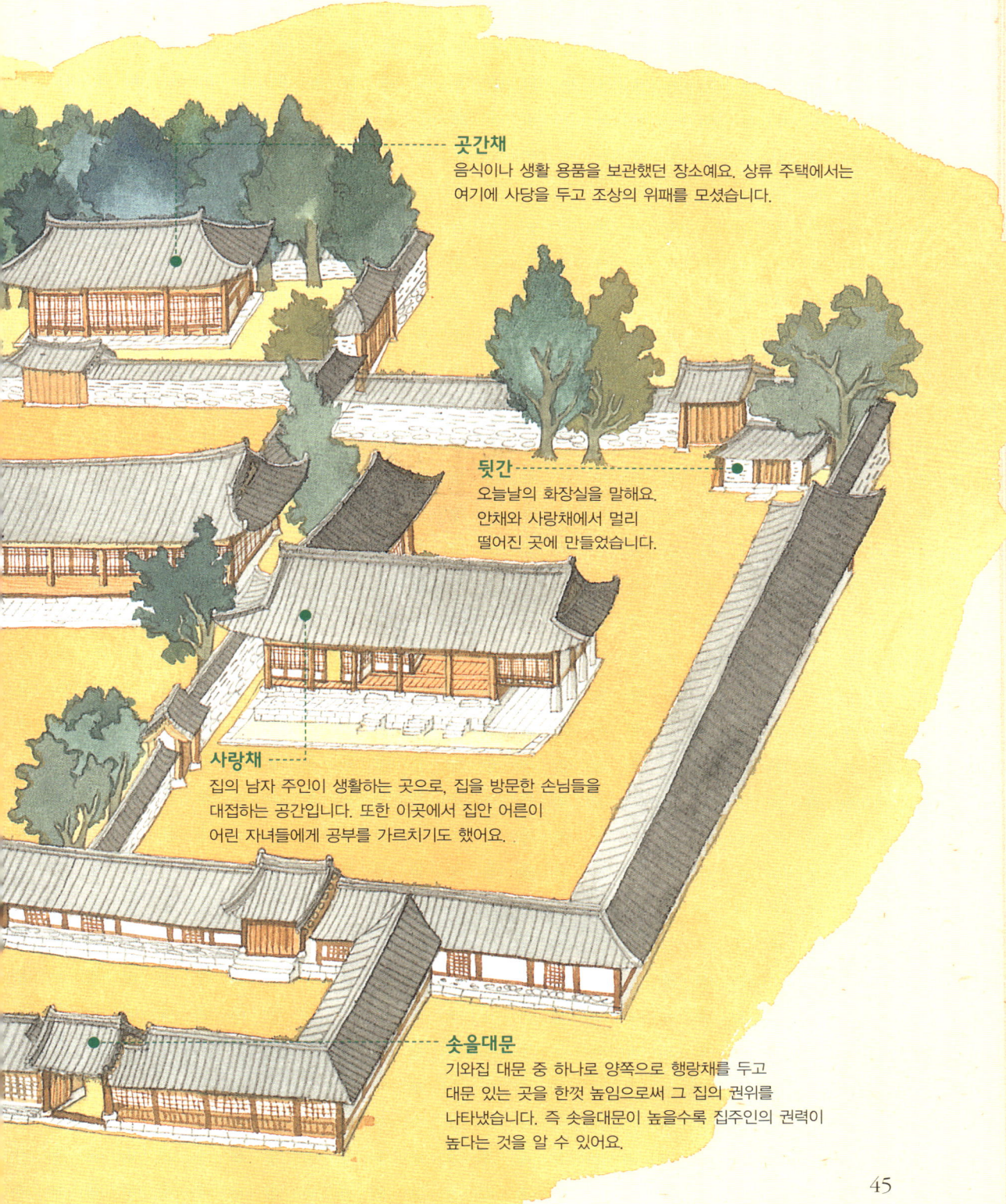

곳간채
음식이나 생활 용품을 보관했던 장소예요. 상류 주택에서는 여기에 사당을 두고 조상의 위패를 모셨습니다.

뒷간
오늘날의 화장실을 말해요. 안채와 사랑채에서 멀리 떨어진 곳에 만들었습니다.

사랑채
집의 남자 주인이 생활하는 곳으로, 집을 방문한 손님들을 대접하는 공간입니다. 또한 이곳에서 집안 어른이 어린 자녀들에게 공부를 가르치기도 했어요.

솟을대문
기와집 대문 중 하나로 양쪽으로 행랑채를 두고 대문 있는 곳을 한껏 높임으로써 그 집의 권위를 나타냈습니다. 즉 솟을대문이 높을수록 집주인의 권력이 높다는 것을 알 수 있어요.

깊은 산속 호랑이

"신목수는 왜 이리 높은 곳으로 갔단 말이냐."

이세로는 높이 서 있는 산을 쳐다보며 말했어요.

"도련님은 왜 봇짐을 놓고 가셨대유."

돌쇠도 한마디했지요. 이세로가 깜빡 잊고 온 짐을 갖다 주느라 돌쇠도 여기까지 와야 했거든요. 먼 길을 오느라 짚신은 너덜너덜 해지고, 두 사람은 지칠 대로 지쳐 있었습니다.

"내가 일부러 그랬단 말이냐? 따라온 게 억울하면 지금이라도 돌아가거라."

이세로는 도포 자락을 홱 제끼고는 산을 오르기 시작했어요. 돌쇠는 이세로의 기분을 맞춰 주려고 얼른 쫓아가며 말했지요.

"아이고, 무슨 소리래유. 저야 산천 유람하는 셈인디 좋지유. 얼른 가유. 산에서 해 떨어지면 호랑이 나와유."

"쳇, 호랑이는 무슨 호랑이."

이세로와 돌쇠는 서둘러 산을 올랐어요. 산을 오르고 얼마 지나지 않아 해가 졌어요.

"아직 절은 보이지 않는 게냐?"

"물어봐야 뭐해유. 앞도 잘 안 보이는구먼."

멀리서 늑대 울음소리가 들리자, 이세로와 돌쇠는 조금씩 무서워지기 시작했어요. 앞서 가던 돌쇠가 이세로를 돌아보다가 갑자기 발을 멈췄습니다.

"도……도련님?"

돌쇠는 이세로의 어깨 너머를 보면서 벌벌 떨었어요. 이세로는 돌쇠가 자기를 놀리는 줄 알았어요.

"뒤에 뭐라도 있단 말이냐?"

"도, 도……."

"그, 그런다고 내가 뒤돌아볼 줄 아느냐……."

하였지만 이세로는 돌아보았어요. 처음에는 아무것도 보이지 않았어요. 그냥 깜깜하기만 했지요. 하지만 가만히 들여다보자 뭔가 보였어요. 어둠 속에 눈동자 두 개가 번쩍였습니다.

"으악! 호, 호랑이?"

돌쇠가 호들갑을 떨며 달리기 시작했어요.

"아이고, 같이 가자."

이세로도 따라 뛰었어요. 그러자 호랑이도 뛰었지요. 이세로 등 뒤로 바짝 뒤따라오는 발자국 소리가 들렸습니다.

"으아아!"

돌부리에 발이 걸려 돌쇠가 넘어졌어요. 그 바람에 이세로도 돌쇠 몸에 걸려 넘어졌어요. 하지만 돌쇠도 이세로도 벌떡 일어나 내달렸어요. 무릎이 까져서 피가 흘렀지만 돌쇠는 하나도 아프지도 않았어요. 목숨을 건져야지요.

"헉헉, 여기까지 와서 호랑이한테 잡아먹히다니……."

"도련님, 젖 먹던 힘까지 내세유!"

그때, 저 앞에 흐릿하게 절이 보였어요.

"헉헉! 도련님, 저게 절인가 봐유."

"아이고! 살았구나, 살았어."

다 왔구나 싶어서 안심하려는 찰나, 호랑이가 이세로의 허리춤을 덥석 잡았어요.

"으악!"

이세로는 그만 기절하고 말았습니다.

다음 날 아침이 되었어요. 산에는 아무 일도 없었다는 듯이 아침 해가 뜨고 새 우는 소리가 맑게 울렸어요.

"그래, 손님은 어떠시냐?"

주지 스님이 부엌으로 들어오시며 동자승에게 물었어요. 열 살 남짓한 동자승은 아궁이에 나무를 넣으며 대답했지요.

"헤헤. 제가 호랑이인 줄 아셨나 봐요. 기절을 하시다니……."

"허허허. 이렇게 조그만 호랑이도 있단 말이냐?"

주지 스님과 동자승은 마주 보며 웃었어요. 아궁이에서 매캐하게 연기가 솟아올랐습니다.

"한여름에 불을 때고, 네가 고생이 많구나."

주지 스님은 한없이 안타까운 눈빛으로 동자승을 내려다보았어요.

"너처럼 마음이 깊은 아이를 본 적이 없다. 그분이 너를 보아서라도 얼른 마음을 잡으셔야 할 텐데."

한편, 뜨끈한 아랫목에 누운 이세로는 이불을 둘둘 말아 끼고는 온몸을 뒤척이며 팔을 휘저었어요.

"안 돼, 안 돼, 안 돼!"

이세로는 소리를 지르며 잠에서 깨어났어요.

"으앗, 호랑이!"

벌떡 일어나 두리번거렸지만, 어젯밤에 이세로를 붙잡았던 호랑이는 없었어요.

"여기가 어디지?"

방 한 켠에 걸려 있는 승복을 보니 스님들이 지내시는 승방인가 봅니다.

이세로는 일어나 방문을 열었어요. 멀리 산 그림자가 겹겹이 서 있고, 아래로는 마을이 내려다보였어요. 바람결에 풍경 소리가 잔잔하게 들려왔어요.

"절에 오기는 했구나."

그때 동자승이 손을 털며 마루로 올라왔어요. 세로는 아무렇지도 않은 척 말을 건넸어요.

"다들 어디 가셨느냐?"

"선비님, 깨어나셨어요? 스님들께선 새 승방 짓는 곳에 가셨습니다."

"그렇구나. 너 혹시 어제……?"

"혹시 뭐요?"

"아, 아니다."

이세로는 조금 창피한 생각이 들어서 말을 돌렸어요. 동자승에게 호랑이를 보았느냐고 물었다가는 망신을 당할 것 같았습니다. 동자승은 까맣게 그을음이 묻은 손으로 코를 쓱 닦더니, 씨익 웃으며 말했어요.

"혹시 구들 놓는 것을 보신 적 있으십니까?"

"구들이라니?"

이세로는 당황했어요. 구들 놓는 것을 본 적이 있던가 생각해 보았지만, 기억이 나지 않았어요. 동자승은 눈을 말똥거리며 세로의 답을 기다리고 있었어요.

"고놈 참! 그래, 너는 보았느냐?"

"물론이지요. 그럼 들보 올리는 건 보셨습니까?"

"그야 물론……."

아, 며칠 전 북촌에서 대들보 올리는 것은 보았잖아요. 이세로는 자신 있게 대답했어요.

"물론 봤지, 보았다마다. 내가 이래 봬도……."

"제주도에서는 지붕을 새끼줄로 꽁꽁 묶어 놓는답니다. 그 까닭을 아십니까?"

세로의 대답이 끝나기도 전에 동자승은 질문을 쏟아냈어요.

"그야 당연히……."

이세로는 '모르지!' 하려다가 말았어요.

"그곳은 바람이 하도 많이 불어서 돌을 쌓아서 집을 짓고, 새끼줄을 쳐서 지붕을 묶어 둔답니다. 혹시 함경도에 가 보신 적이 있습니까?"

"그야 물론……."

"함경도는 너무 추워서 방이며 마루를 겹으로 짓는답니다. 아십니까?"

동자승은 온종일 혼자 놀다가 이제 막 친구를 만난 아이처럼 조잘조잘 이야기를 늘어놓았어요.

"네가 그걸 어찌 다 아느냐?"

세로도 잘 모르는 것들을 저 꼬마 스님은 어쩌면 그리 잘 아는지, 문득 궁금해졌습니다.

"헤헤. 뭐, 대부분 들은 것이지요. 하지만 너와집은 압니다."

"너와?"

"지붕에 짚을 덮으면 초가집이고, 기와를 얹으면 기와집이잖아요. 소나무를 넓게 잘라 얹으면 그것이 너와집입니다. 강원도 산골에서는……."

"강원도라니 그 먼 데를 네가 어찌……?"

"스승님과 함께 한동안 그곳에서 지냈거든요."

"스승님?"

그때였어요. '쩌억!' 소리를 내며 문이 열렸지요. 열린 문으로 수염을 휘날리며 한 사람이 들어왔어요. 산삼이라도 캐러 다녔는지 정처 없이 산을 헤맨 행색이었지요. 그는 승방 앞을 가로질러 다른 쪽 문으로 휙 사라졌습니다.

"저 사람은 누구냐?"

이세로가 대답을 들으려 동자승을 보았더니, 동자승은 벌써 마당으로 뛰어가고 있었어요.

"얘야! 네 신발이 짝짝이……. 그리고……."

이세로는 당황했어요. 난데없이 이상한 남자가 나타나더니 동자승까지 갑자기 가 버렸잖아요. 이세로는 동자승이 뛰어간 쪽을 보며 중얼거렸어요.

"아까부터 배고픈 것을 참고 네 이야기를 들었는데, 밥은 주고 가야 할 것 아니냐. 응?"

옛날 사람들은 어떤 집에 살았을까?
지역별 집 모양

 ### 지역마다 다른 집 구조

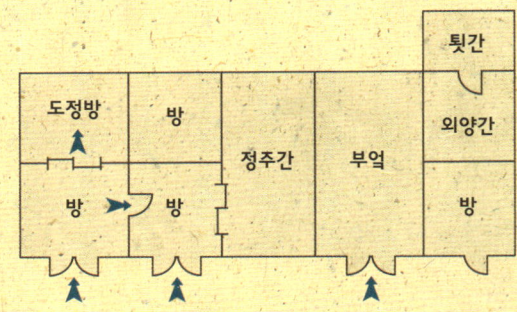

북부 지방
겨울이 긴 북쪽 지방에서는 집 안의 열이 밖으로 새 나가지 않도록 하는 것이 중요해요. 그래서 바람이 잘 통하지 않는 田(밭 전)자 모양으로 방을 만들고 벽은 두껍게, 창문은 작게 만들었습니다. 건물이 마당을 둘러싸거나, 마루가 없이 방들이 서로 붙어 있지요. 방과 부엌 사이에 있는 정주간은 벽이 없이 부뚜막과 방바닥을 잇달아 꾸민 곳으로, 부엌일을 하거나 식사를 하는 장소였습니다.

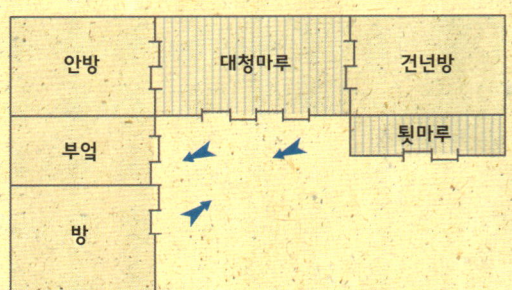

중부 지방
남부 지방과 북부 지방의 중간 기후인 중부 지방에서는 북부와 남부의 집을 합쳐 놓은 것 같은 형태의 집을 지었어요. 기본적으로 안방-대청마루-건넌방 순으로 집을 배치하고, 안방 옆에 부엌을 만듭니다. 남부 지방의 한옥에 비해 마루가 좁고, 창문도 적습니다.

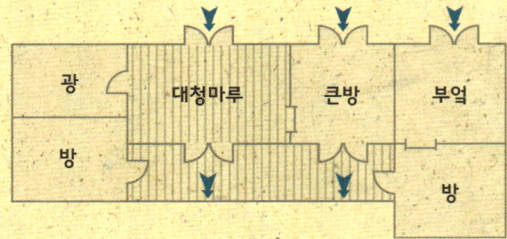

남부 지방
무더운 여름을 견디기 위해 바람이 잘 통하는 구조로 집을 지었습니다. 대청마루를 넓게 만들고 천장을 높게, 창문을 크게 만들어 최대한 통풍이 잘 되도록 만들었습니다. 방과 마루, 부엌이 옆으로 나란히 붙어 있는 집이 많고, 창문과 방문이 많아요.

*화살표는 바람이 통하는 방향.

 바닷가와 섬에 있는 집

울릉도는 겨울에 눈이 많이 내려요. 그래서 지붕의 처마를 따라 안쪽에 여러 개의 기둥을 둘러 세우고 그 기둥에 기대어 억새나 옥수숫대를 엮어 벽을 쳐서 눈이나 비가 집 안에 들이치는 것을 막았습니다. 이렇게 집 둘레에 둘러친 울타리를 '우데기'라 하고, 그런 집을 '투막집'이라고 불러요.

제주도는 바람이 많이 불기로 유명해요. 따라서 지붕에 억새를 얹고 새끼줄을 그물처럼 만들어서 잡아매거나 돌을 달아 바람을 견디도록 했지요. 집 밖에는 돌담을 쌓아 거센 바람에도 무너지지 않게 했답니다. 또한 흙이 바람에 쓸려 가지 않도록 밭에도 돌담을 쌓았어요.

울릉도의 투막집(위), 제주도의 민가(아래)

숲이 울창한 산골짜기의 집

강원도의 산골에서는 짚을 구하기가 쉽지 않았어요. 그래서 주변에서 쉽게 구할 수 있는 나무를 쪼개 널빤지를 만들어 지붕 위에 얹은 다음, 바람에 날리지 않도록 돌을 올려 놓았어요. 이런 집을 '너와집'이라고 해요. 널빤지들 사이에 바람이 잘 통하는 틈새가 있어 여름에 시원하고, 겨울에는 눈이 덮여 따뜻했습니다.

강원도의 너와집

나도 아버지가 있었으면 좋겠어

　스님들은 모두 승방을 만드는 데 모여 있었어요. 새 승방은 벌써 기와가 의젓하게 얹혀 있었고, 미장이가 흙벽을 치고 있었어요. 그 안으로 돌을 옮기느라 스님들이 땀을 뻘뻘 흘리고 있었지요. 돌쇠도 그 틈에서 일을 돕고 있었어요.

　시원한 바람이 휙 불자, 풍경이 요란하게 흔들렸어요. 스님들은 하던 일을 멈추고 나무 그늘에 모여들었어요.

　이세로는 슬렁슬렁 승방 짓는 곳으로 다가갔어요. 바닥에 큰 돌들이 줄지어 놓여 있었어요.

"구들을 놓는 모양이구나."

아궁이에서 굴뚝까지 불길이 잘 번지고 연기가 쉽게 빠져나갈 수 있게 길이 잡혀 있었어요.

"불도 길을 찾아가는데 나는 뭘 하고 있는 건지……."

이세로가 한숨을 내쉬고 있을 때, 발소리가 들려왔어요. 주지 스님과 한 젊은 스님이 안으로 들어오고 있었지요. 주지 스님이 젊은 스님에게 말했어요.

"스님이 지으시는 승방은 여름에는 시원하고 겨울에는 따뜻하니, 무슨 비결이 있나 봅니다. 허허허."

"비결은요. 그저 신목수가 가르쳐 준 대로 한 것뿐입니다."

이세로는 신목수라는 말에 귀가 쫑긋해졌어요. 주지 스님이 이세로 쪽으로 몸을 돌렸어요.

"여기 계셨군요, 선비님. 몸은 괜찮으십니까?"

어젯밤에 기절한 것을 말하는구나 싶어서 이세로는 얼굴이 벌겋게 달아올랐어요. 하지만 애써 태연한 척 말했습니다.

"덕분에 쾌차하였습니다. 그나저나 조금 전에 신목수라고 하지 않으셨습니까?"

"예. 선비님도 신목수를 찾으신다고 들었습니다."

"신목수가 여기 있습니까?"

다급한 이세로가 주지 스님에게 물었어요.

"그런 셈이지요. 어느 날 돌아왔다가는 또 어느 틈에 사라지고는 합니다. 헌데 쉽지 않을 겁니다."

"무엇이 말입니까?"

"목수 일이라면 싫다 할 겁니다. 전국을 떠돌면서도 막일은 할지언정 목수 일은 하지 않았다고 들었습니다. 가끔 부모 없는 아이들에게 집을 지어 줬다고는 하던데……."

"무슨 연유라도 있는 겝니까?"

주지 스님은 조금 망설이다가 이세로의 간절한 얼굴을 보고 이야기를 시작했어요.

"몇 년 전 일입니다……. 흉년이 들면 간혹 아이들을 절에다 맡기는 일이 있지요. 그해는 심한 가뭄에 굶어 죽는 사람도 많았습니다. 아이들 몇이 절에 들어왔지요. 그 가운데 저 아이도 있었고요."

주지 스님은 나무 그늘 아래서 스님들과 놀고 있는 동자승을 가리켰어요.

"아이는 날마다 절 입구에 나가 제 아비를 기다렸어요. 몇날 며칠을요. 가난 때문에 부모와 생이별을 하였으니 얼마나 그리웠겠습니까. 그 애타는 마음을 아는지라 스님들도 말릴 수가 없었지요."

"그랬군요."

"그러던 어느 날이었지요. 저 아이가 소리를 지르며 뛰어 들어왔어요. 어제 선비님께서 혼절하셨던 때처럼 말이지요. 놀라서 가 보니 신목수가 쓰러져 있었습니다."

이세로는 다음 이야기가 궁금해서 재촉했어요.

"그래서요?"

"신목수는 그해 저 아랫마을의 큰 집에 사랑채를 다시 짓고 있었는데, 신목수의 아들이 집 짓는 구경을 나왔다가 그만 변을 당하고 말았습니다."

"변이라니요?"

"대들보를 올리던 중이었지요. 위에서 줄을 잡아당기던 사람이 실수로 밧줄을 놓치고 말았습니다. 아이가 그만 대들보에 등을 맞고 말았지요. 며칠 동안 시름시름 앓다가 저세상으로 갔답니다. 나무 관세음보살."

"나무 관세음보살."

세로도 주지 스님을 따라 합장을 했어요.

"신목수는 이 절에 아이의 넋을 기려 달라 부탁하고 어디론가 사라졌던 참이었어요. 아마도 괴로운 마음에 산을 떠돌다가 절 앞에 쓰러졌던 모양입니다."

이세로는 아까 동자승과 이야기하고 있을 때, 수염을 흩날리며 지나갔던 사람이 떠올랐어요. 산속을 헤매다 온 모양새가 주지 스님이 말하는 이와 비슷하다고 생각했지요. 이세로는 그 뒤의 일이 궁금했어요.

"그래서요, 그래서 어떻게 되었습니까?"

그때, 동자승이 뛰어왔어요. 그새 부엌에 다녀왔는지, 한 손에는 커다란 밥주걱을 들고 입가에는 밥풀을 붙이고 있었어요.

"스님, 저녁상이 준비되었습니다. 그리고……."

"그리고?"

"스승님이 오셨습니다."

동자승의 눈빛에 한껏 반가운 기색이 비쳤습니다. 아이는 말을 마치고 다시 뛰어갔어요. 주지 스님은 얼른 일어나 동자승을 따라갔습니다. 이세로도 뒤를 따랐지요.

주지 스님과 이세로가 법당을 돌아 승방을 향할 때였어요. 몇 걸음 앞에 신목수가 있었어요. 승방 앞을 훌쩍 지나갔던 그 사람이 분명했어요.

"신목수! 신목수 맞지?"

이세로가 신목수를 불러 세웠어요. 하지만 신목수는 못 들은 척 지나치려 했습니다.

"거기 서게!"

이세로는 배에 잔뜩 힘을 주고 외쳤어요. 신목수가 걸음을 멈추고 천천히 몸을 돌리자, 이세로는 엄한 목소리로 말했어요.

"신목수! 전하께서 자네를 부르셨네."

"잘못 아셨습니다. 저는 전하께서 부르실 만한 사람이 아닙니다."

신목수는 결연하게 대답했어요.

"뭐라고? 지금 무어라 했나?"

"선비님이 누구를 찾으시는지, 왜 찾으시는지 모르나 그 사람은 이미 죽고 없습니다. 괜한 수고 말고 돌아가십시오!"

이세로는 기가 막혔어요.

"그 사람은 죽었습니다."

짧은 한마디를 남기고 신목수는 그대로 가 버렸어요.

"쯧쯧, 저리 나가면 또 며칠 보이지 않겠구먼."

주지 스님은 하늘을 바라보며 안타깝게 말했어요.

한밤중에 이세로는 잠이 깼어요. 창으로 달빛이 새어 들고 있었지요. 이세로는 뒷간에 가려다가, 마루에 앉아 있는 동자승을 보았어요. 예전에는 자기를 버린 부모를 그렇게 기다렸다고 하더니, 지금은 신목수를 기다리는 것인가 싶었어요.

세로는 기척을 내며 동자승에게 다가갔어요.

"예전에, 네가 쓰러진 신목수를 발견했다면서?"

"아, 예. 나리처럼 스승님도 혼절하셨더랬지요."

이세로는 아차 싶었어요. 아, 그때 왜 기절을 해서……. 이세로의 얼굴이 또 빨개졌어요.

"흠흠. 그래서 그때부터 신목수를 따랐던 게냐?"

"따르다니요, 제가 보살펴 드린걸요."

"보살피다니?"

"열이 펄펄 나서 정신을 놓으신 중에 헛소리를 하시잖아요. 그래서 제가 보살펴 드렸지요."

"무슨 헛소리를 하더냐?"

"이름을 부르셨어요."

"이름?"

"아들 이름 같았습니다."

"아들이라······."

"잃어버린 것일까, 죽은 걸까, 아니면 나처럼 절에다 맡겼나? 깨어나시면 묻고 싶었지요."

"그랬구나."

"참 이상하지요. 그러면서 우리 아버지도 저렇게 애타게 나를 찾지 않을까, 언젠가는 나를 찾아올까······, 하는 생각이 들었습니다."

짠한 마음이 들어 이세로는 동자승의 어깨를 감싸안았어요.

"그래서 어떻게 되었느냐?"

"그 뒤로 스승님은 하루 종일 멍하니 하늘만 바라보셨어요.

그러던 어느 날 아침, 갑자기 절을 떠나겠다고 하셨습니다. 주지 스님께서 정해진 곳이 있냐고 물으시니, 정처 없이 떠돌 거라 하셨지요. 그러자 주지 스님께서 저를 데리고 가라고 말씀하셨어요."

"아니, 왜?"

"저도 모르지요. 갑자기 우레 같은 목소리로 '저 아이가 자네 스승이니 데리고 가게!' 하고 소리를 치셨어요. 그 뒤로 스승님을 따라 몇 해 동안 세상을 떠돌아다녔습니다."

바람이 아무도 없는 마당 위를 쓸고 지나갔어요.
이세로는 아이의 머리를 쓰다듬으며 물었어요.
"여기 앉아 네 스승을 기다리는 것이냐?"
"예, 혹시 마음이 바뀌시면 당장이라도 오실지 모르잖아요."
그렇게 말하고 동자승은 해맑게 웃었어요. 그런 아이의 마음이 예뻐서 이세로도 함께 웃었습니다.

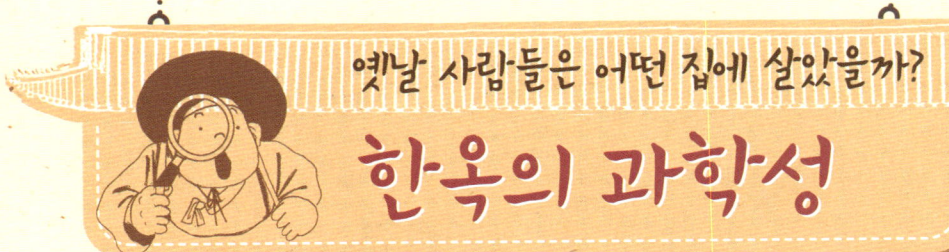

한옥의 과학성
옛날 사람들은 어떤 집에 살았을까?

 **바람의 원리를 이용해 무더위 견디기**

한옥 앞마당에는 아무런 꾸밈없이 하얀 흙(백토)을 깔아요. 대신 뒷마당에 풀이나 나무를 심지요. 장식 없는 앞뜰이 자칫 심심해 보일 수도 있지만 앞뜰에 깐 이 백토에 한옥의 비밀이 숨어 있답니다.

뜨거운 여름, 앞마당에 햇볕이 내리쬐면 마당의 온도가 올라가요. 그러면 앞뜰에 있던 공기는 뜨거워져서 위로 올라가지요. 한편, 뒷마당은 그늘이 지고 나무나 풀을

심어 놓았기 때문에 앞뜰에 비해 상대적으로 온도가 낮아져요. 그러면 뒷마당의 차가운 공기가 앞마당 쪽으로 이동하게 되지요. 공기의 순환이 일어나는 거예요.

이런 공기의 순환 덕분에 한여름 한옥의 대청마루에 누워 있으면 뒤꼍에서 솔솔 불어오는 바람에 더위를 잊게 된답니다. 어때요, 에어컨이 따로 필요 없었겠지요?

바람을 이용한 자연 냉장고 '찬광'

냉장고가 없던 옛날, 우리 조상들은 바람의 원리를 이용해 자연 냉장고인 '찬광'을 만들었어요. 주로 부엌 옆 북쪽에 널빤지로 벽을 대서 만들거나 트인 공간을 그대로 활용했지요. 그리고 찬광을 더욱 잘 유지하기 위해 바람을 이용하는 지혜를 발휘했어요. 그림의 왼쪽 건물은 안채이고, 오른쪽 건물이 곳간채입니다. 옛 한옥에서는 집을 지을 때 두 건물 사이의 폭을 다르게 했어요. 즉 남쪽의 폭은 넓게, 북쪽의 폭은 좁게 한 것이지요.

우리나라의 여름은 주로 남쪽에서 바람이 불어와요. 남쪽의 넓은 공간으로 들어온 바람이 좁은 북쪽을 지나면서 바람의 세기가 빨라져요. 한편 겨울에는 차가운 북풍이 북쪽의 좁은 건물 사이를 통과해 넓은 남쪽으로 가면서 순해지지요. 따라서 남쪽 초입에는 건조하거나 마르면 좋을 음식을, 북쪽의 찬광에는 차갑게 보관해야 하는 농산물을 보관했답니다.

 ## 최고의 열 전달 시스템 - 온돌

　온돌의 순우리말은 '구들' 입니다. 구운 돌이란 뜻이지요. 말 그대로 돌을 뜨겁게 데워서 방을 따뜻하게 하는 난방 장치입니다. 우리나라의 온돌은 세계적으로 인정받는 난방법인데, 다른 나라의 난방 장치와 비교하면 그 이유를 잘 알 수 있어요.

　중국의 난방은 아궁이를 이용해 불을 지피고 그 열을 전달하는 원리는 온돌과 같으나, 침대 자리 주변에만 열이 전해지고 다른 곳은 춥답니다. 한편 일본은 집 가운데에 불을 지피는 화덕이 있어요. 방 가운데 있는 화덕은 온 방을 따뜻하게 하지만, 연기 때문에 늘 환기에 신경을 써야 해요. 자칫 잘못하면 그을음이 지붕을 뒤덮을 수 있으니까요. 서양의 벽난로 또한 열의 20퍼센트 정도만 방 안에 전달되어 그다지 경제적인 난방법이라 할 수 없지요.

　이에 비해 우리의 온돌은 구들이 오랜 시간 동안 열기를 품고 있는 구조여서 효율성에 있어 단연 세계 으뜸이에요. 또한 온돌은 방을 데우는 것에 그치지 않고 아궁이에서 음식을 조리할 수도 있어 요리와 난방이 동시에 가능한 놀라운 발명이 아닐 수 없습니다.

한옥의 아궁이

구들고래 모습

❶ 부엌 아궁이에 불을 때요. 이때 만들어진 불과 뜨거운 연기는 '부넘기'라는 구멍을 통해 고래 쪽으로 빨려 들어가요. 부넘기는 구멍이 작아서 열기가 밖으로 새지 않고 고래로 잘 빨려 들어가게 해 줘요.

❹ 고래개자리를 떠난 연기는 굴뚝개자리로 갑니다. 연기는 상대적으로 온도가 낮은 이곳에 그을음을 떨어뜨리고 굴뚝으로 나가요. 굴뚝개자리는 찬 공기나 빗물이 굴뚝 안으로 들어가는 것을 막아 주는 역할도 합니다.

❷ 부넘기를 통과한 열기는 '구들개자리'에 도착해요. 이곳에서 열기는 이동 속도가 늦춰지면서 구들고래 전체에 퍼져요. 이 고래에서 구들이 데워지는데, 이때 가장 중요한 것은 열이 고래 전체에 골고루 가게 하는 거예요. 그래서 보통 아랫목에는 두꺼운 돌을 놓고 윗목에는 얇은 돌을 놓았어요. 윗목은 상대적으로 열이 덜 가기 때문에 돌을 빨리 달구려면 돌이 얇아야 했답니다.

❸ 구들고래가 끝나는 부분에 '고래개자리'를 만들어요. 여러 개의 고래를 통과한 뜨거운 공기는 고래개자리에서 다시 모입니다. 이곳에서 다시 한 번 숨을 고른 다음 열기는 이곳에 남게 하고 연기만 굴뚝으로 보내는 역할을 하는 것이 바로 고래개자리입니다. 마지막까지 열기를 잡아 방을 더 데울 수 있도록 한 것이지요.

목수 따위 필요 없어!

　며칠 뒤, 신목수는 사라졌던 날처럼 갑작스럽게 돌아왔어요. 주지 스님을 사이에 두고 이세로와 신목수가 마주 앉았습니다. 긴장이 감도는 방안에는 촛불만 조용히 흔들리고 있었어요.
　이세로는 제대로 담판을 지으리라 마음먹은 터였어요. 동자승을 위해서도, 자신을 위해서도 그래야겠다고 생각했지요. 하지만 정작 이렇게 신목수와 마주 앉고 보니 쉽게 입이 떨어지지 않았습니다.

신목수가 먼저 입을 열었습니다.

"어떤 나무는 기둥으로 좋고, 어떤 나무는 서까래에 제격이지요. 하지만 도무지 쓸모가 없는 것도 있습니다. 선비님, 어찌 생각하십니까? 쓸모없으니 베어야 할까요?"

"왜 베나? 어디 쓸 데가 있겠지."

이세로는 눈앞에 있지도 않은 나무가 아까웠어요.

"나무도 생명인데 그냥 베면 안 되네. 나무니까 그냥 두면 되지 않겠는가?"

"그냥 두면 무슨 쓸모가 생기나요?"

이세로는 신목수가 무슨 말을 하려는지 도통 감이 잡히지 않았어요.

"무슨 문답이라도 하자는 겐가? 나무는 자랄 테니 그럼 정자나무로 쓰면 되지 않나. 나무 아래서 더위를 식히고 쉬어 갈 수 있으니 얼마나 좋아!"

이세로는 자기가 대답해 놓고도 정말 잘했구나 싶었어요.

"말씀 잘하셨습니다. 저는 지금 쓸모없는 나무에 지나지 않습니다. 그러니 그냥 내버려 두십시오. 이대로 있고 싶습니다."

이세로는 마음을 가다듬고 말을 이었어요.

"누구나 부러워할 재주를 지닌 사람이, 장인이라는 사람이 어찌 자기가 할 일을 모른 척한단 말인가?"

"이제는 싫습니다. 목수 일은 더는 하고 싶지 않습니다."

"세자 저하를 위한 일일세! 싫다고 안 할 일이 아니야."

이세로의 목소리가 점점 더 커졌어요.

"저는 그런 일을 할 그릇이 못됩니다. 제 자식 하나 지켜 내지 못한 손으로 어찌 세자 저하를 위한 일을 하겠습니까!"

이세로는 고집을 꺾지 않는 신목수에게 버럭 소리쳤어요.

"이것은 어명일세. 어명을 받들지 않겠다면 감옥살이라도 하겠다는 게야?"

"스승님!"

그때, 드르륵 문이 열리고 동자승이 들어왔어요.

동자승은 꿇어앉아 신목수의 소맷자락을 붙잡았어요.

"스승님! 부모 없이 거리에서 잠을 자는 아이들을 위해 집을 지으셨잖아요. 모든 정성을 다 쏟으셨잖아요. 그런 마음으로 지으시면 안 되나요? 그리 하시면 저세상에 있는 아드님도 행복할 것입니다."

"놔라. 무슨 말을 하는 게야!"

신목수가 거칠게 팔을 휘두르는 바람에 그만 동자승이 나동그라졌어요.

"스승님은 집을 지을 때만 행복하시잖아요. 그러니 마음을 돌리세요, 제발요……."

동자승은 차마 말을 잇지 못하고 눈물을 훔치며 밖으로 뛰쳐나갔어요.

동자승의 눈물을 보자, 이세로는 가슴속에서 뜨거운 것이 치밀어 올랐어요.
　"자네는 저 아이가 불쌍하지도 않나! 오지 않는 자네를 매일 기다리는 저 아이의 마음을 아느냐 말이네. 진정한 장인이라면 이러지는 않을 걸세. 자네는 장인도 아니고 목수도 아니야!"
　이세로는 더욱 소리 높여 말했어요.
　"자네 소원대로, 신목수라는 사람은 죽었다고 전하겠네. 자네보다 백배는 뛰어난 목수를 찾고 말겠어."

신목수는 조용히 일어나 밖으로 나갔어요.

화를 쏟아내긴 했지만, 이세로의 가슴은 여전히 답답했어요.

'결국 신목수를 설득 못하는 것인가. 저 아이는 어쩐단 말인가. 이제 나는 어쩌면 좋은가!'

이세로는 갑갑한 가슴을 안고 자리에 누웠어요.

이튿날 새벽, 이세로는 일찍부터 부산을 떨었어요. 절이 떠나가도록 고래고래 고함을 쳤어요.

"돌쇠야, 얼른 일어나지 않고 무얼 하는 게냐!"

"길을 떠날 터이니 채비를 해라!"

"세숫물은 왜 안 떠오느냐?"

"밥은 아직 멀었느냐? 갈 길이 멀다!"

"새 목수를 찾아 떠날 것이니, 어서 서둘러라!"

절에 있는 사람이라면 이세로가 떠난다는 것쯤은 모두 다 알 수밖에 없었지요. 소란한 소리에 주지 스님이 달려왔어요.

"왜 벌써 가십니까. 며칠 더 계시다가 신목수를 데리고 가십시오."

이세로는 신목수가 들으란 듯이 소리쳤어요.

"싫습니다. 그냥 가렵니다."

"정 가시려거든 잠시 기다리십시오. 가는 길에 드실 밥이라도 싸 드리겠습니다."

밥이라는 말에 이세로도 못 이기는 척 자리에 앉았어요. 그냥 가려는 심산도 아니거니와 만약 뜻대로 되지 않더라도 동자승에게 작별 인사는 하고 싶었기 때문이지요.

그런 이세로의 속마음을 아는지 모르는지, 돌쇠는 바쁘게 움직였어요. 세숫물도 떠오고, 봇짐도 쌌어요. 그러더니 댓잎에 싼 주먹밥을 산더미처럼 담아 왔지 뭐예요.

"도련님, 이제 가셔유. 밥도 챙기고, 봇짐도 쌌구먼유."

'이리도 아둔해서야……, 쯧쯧쯧.'

이세로는 홱 돌아앉았어요.

주지 스님도 그런 돌쇠를 보며 헛기침만 했어요. 하지만 돌쇠는 또 눈치 없이 물었지요.

"지금 가실 거래유? 꼬마 스님은 안 보고 가실 거예유?"

그때였어요. 마당에서 인기척이 들렸어요.

"흠흠."

신목수였어요. 동자승과 함께였지요. 신목수도 동자승도 말끔한 옷에 봇짐을 메고 있었어요. 길 떠나는 차림이었지요.

모두들 멍하니 신목수와 동자승을 바라보았어요. 눈만 껌뻑이던 돌쇠가 와락 달려들어 동자승을 안았어요.

"아이고, 이리 보니 인물이 훤하구먼."

"저 이제 스승님의 진짜 제자가 되었어요. 스승님이 정식으로 목수 일을 가르쳐 주신다고 하셨습니다!"

동자승이 환하게 웃었어요.

"이제 궁궐로 가요. 어서요."

신목수가 다시 한 번 흠흠 기침을 했어요. 말끔하게 머리를 빗고 수염도 깎아서 얼굴이 훤했어요.

신목수가 의젓하게 멍석 위에 앉았습니다. 그 앞에 선 이세로가 어명이 담긴 두루마리를 펼쳐 들었어요.

제대로 격식을 갖추지 못한 것이 못내 아쉬웠지만, 이세로는 기쁜 마음으로 어명을 읽어 내려갔습니다. 그런 두 사람을 밝은 아침 햇살이 비춰 주었어요.

아버님! 오랜만에 편지 드립니다. 첫 임무를 맡은 지도 어언 넉 달이 지나고 있습니다. 아버님 어머님께서 못난 자식 걱정에 노심초사하신다고 들었습니다. 기대에 어긋나지 않도록 매사에 힘쓰고 있습니다. 지켜봐 주십시오.

오늘은 서재를 짓는 데 가장 중요한 재료인 금강송을 벌목했습니다. 워낙 중요한 날이기에 길일을 잡느라 애를 먹었습니다. 물에 한 달 동안 담가 벌레를 없애야 한다니, 한 달 뒤에나 본격적으로 서재를 지을 수 있을 것 같습니다.

기둥 세우는 작업이 진행된 오늘은 신목수가 유난히 신경질을 부린 날이었습니다. 일꾼들을 쉼 없이 닦달하는 통에 여기저기서 불만이 쏟아졌습니다. 점심 나절쯤 신목수를 불러 까닭을 물으니, 한 치의 실수도 없어야 하기에 일꾼들에게 계속 주의를 주어야 한다고 했습니다. 이유를 듣고 나니 고개가 끄덕여지긴 했습니다.
　작업을 끝내고 주춧돌 위에 세워 놓은 기둥을 밀어 보았는데 정말 꿈쩍도 하지 않았습니다. 실로 감탄스럽습니다. 그동안 옆에서 지켜보니 신목수의 재주가 놀랍긴 합니다. 조선의 으뜸 목수라 할 만합니다.

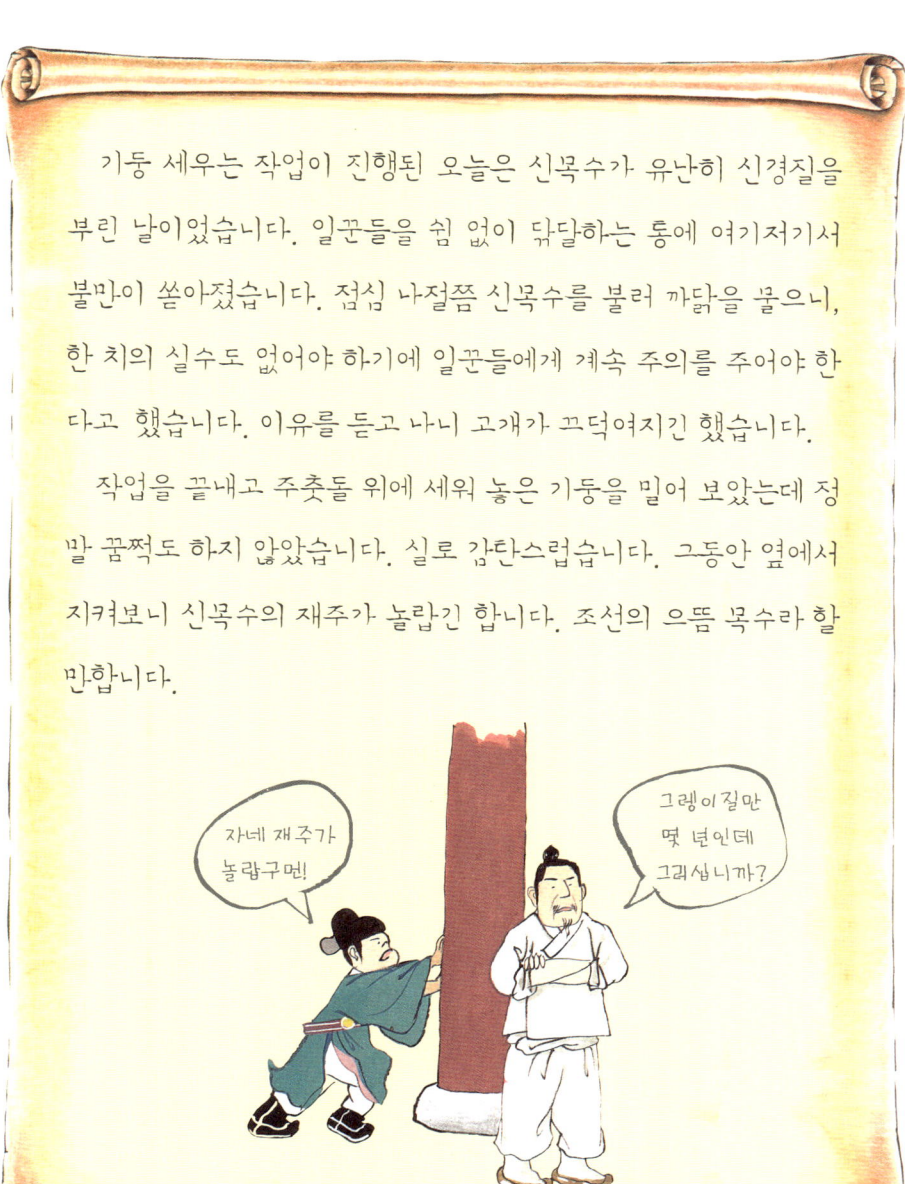

마침내 대들보와 추녀 올리는 작업이 끝났습니다. 어제부터 서까래를 올리기 시작했습니다. 처마가 하늘을 향해 부드럽게 곡선을 그리며 올라가도록 하려면 이때 아주 잘 해야 한답니다. 세자 저하의 위엄을 잘 담아내야 할 텐데 뜻처럼 잘 될지 걱정이 앞섭니다.

추녀에 올려지는 나무는 꼭 굽은 나무여야 한다는 것을 오늘 처음 알았습니다. 신목수가 말하길 사람이 직접 깎아서 만든 곡선보다 본래 나무가 가지고 있는 곡선을 이용하는 것이 더 자연스럽고 아름답다고 했습니다. 설명을 듣고 보니 늘 보던 처마가 새삼 아름답게 보입니다.

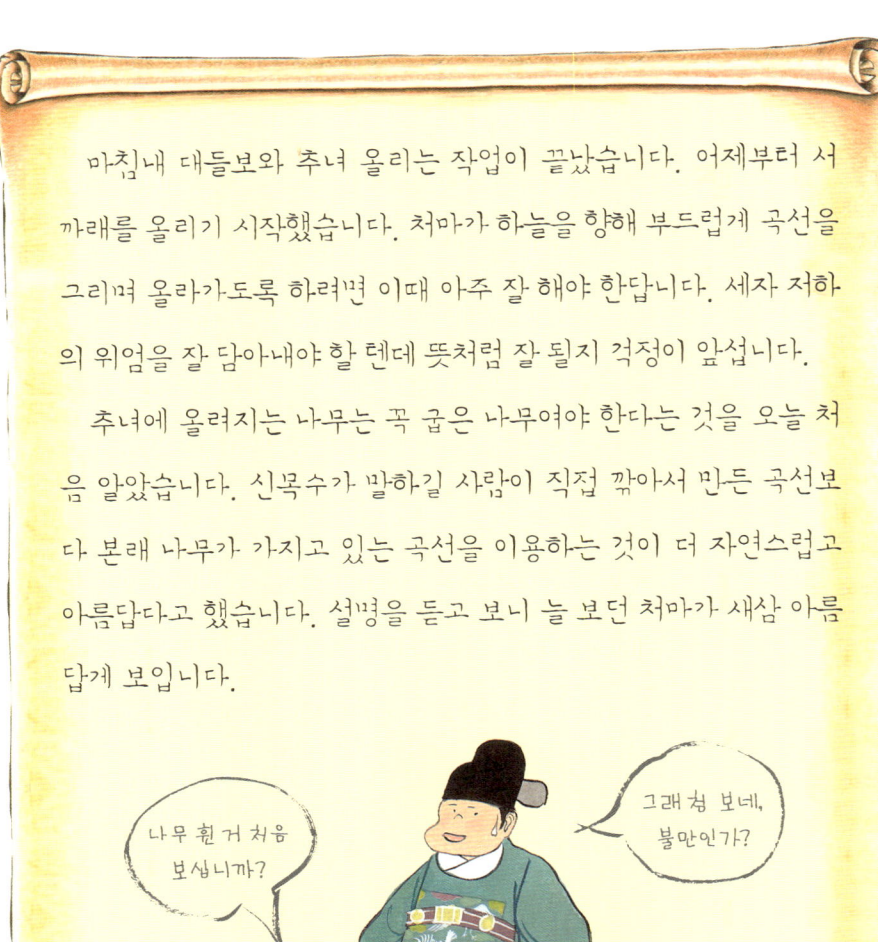

아버님! 상량식을 했습니다. 상량문에 서재를 짓게 된 연유를 써 내려가는데, 어찌나 감격스럽던지요. 마치 집을 다 지은 듯 마음이 뿌듯했습니다. 열심히 일한 목수들과 일꾼들을 배불리 먹이고, 이날 하루는 푹 쉬게 했습니다.

앞으로 넘어야 할 산이 많지만 이만큼 온 것도 모두 아버님 어머님의 염려 덕분이라 생각합니다. 분발하여 더욱 열심히 일하겠습니다.

드디어 지붕에 기와와 용마루 올리는 작업이 끝났습니다. 집이 예쁘게 머리를 올린 것 같습니다. 그간 서재 짓는 과정을 지켜보니, 그 수고가 보통 대단한 것이 아닙니다. 그들을 장인이라 부르는 이유를 알 것 같습니다.

오늘부터는 집의 벽을 만들고 문과 창문을 다는 작업에 들어갔습니다. 이미 소목들은 문과 창문을 만드는 데 열을 올리고 있습니다. 훗날 세자 저하께서 이곳에서 공부하실 생각을 하니 뿌듯함이 날로 커집니다.

이제 거의 모든 공정이 끝났습니다. 며칠 뒤면 주상 전하와 세자 저하께 그동안의 노력을 보여 드릴 수 있습니다. 두 분께서 어떤 표정을 지으실지 궁금합니다.

어렵게 데려온 신목수는 이름값을 제대로 하더이다. 서재를 짓는 내내 온 마음을 다해 일하는 것을 느꼈습니다. 큰사람임에 틀림없습니다. 일이 마무리된 뒤에도 그와는 종종 왕래를 할 생각입니다. 신목수는 저에게 큰 깨달음을 준 스승 같은 존재가 된 듯합니다.

옛날 사람들은 어떻게 집을 지었을까? 한옥 짓는 과정

터 잡기와 재료 고르기

예로부터 뒤에는 산이 있고, 앞에는 물이 흐르는 곳을 좋은 터라고 여겨 사람들은 그런 곳을 찾아 집을 지었어요.

한옥을 짓는 일에 가장 중요한 재료는 소나무입니다. 소나무 가운데서도 금강송이라고 불리는 춘양목을 으뜸으로 쳐요. 춘양목은 송진이 많아 마를 때 틈이 잘 벌어지지 않고, 나이테도 촘촘해서 튼튼함과 아름다움을 두루 갖추고 있지요. 나무를 벌목한 뒤에는 반드시 물에 한 달 정도 담그거나 불에 그슬려 나무 안에 있는 벌레를 없앱니다.

나무 다듬기

목수가 그려 놓은 현장 설계도인 양판에 따라 필요한 목재를 다듬습니다. 가장 먼저 나무껍질을 벗겨 내는데, 나무 겉에 벌레 먹은 자국이 없을 때까지 깎아 냅니다. 그 뒤에는 쓰임에 맞게 나무를 깎고 다듬어 나무의 뼈대를 준비합니다. 꽤 오랜 시간이 걸리는 작업이지요.

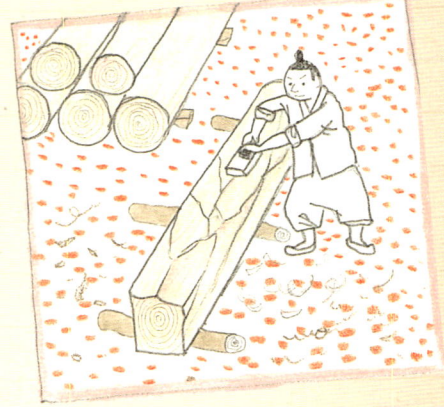

한옥을 짓는 과정은 매우 복잡합니다. 튼튼하면서도 아늑하며, 실용적임과 동시에 아름다움도 갖춰야 하지요. 한옥은 여러 장인들의 땀방울로 빚어낸 우리의 자랑스런 문화유산이랍니다.

터 다지기와 주춧돌 세우기

한옥 지을 터를 고르게 잘 다지고 주춧돌 놓는 자리를 계산해 구덩이를 팝니다. 주춧돌이란 건축물의 기둥을 받쳐 주는 돌이에요. 파 놓은 구덩이에 주춧돌을 세우고 움직이지 않도록 흙으로 주변을 꼼꼼히 메꿉니다.

기둥 세우기

주춧돌 위에 기둥을 세우는 이 작업은 나무의 무게도 상당할 뿐더러 주춧돌이 울퉁불퉁하기 때문에 여간 힘든 게 아닙니다. 여러 사람이 기둥에 밧줄을 묶어 주춧돌 위에 세운 다음, 기둥을 수직으로 세우기 위해서 그렝이 작업을 합니다.

그렝이 작업이란 울퉁불퉁한 주춧돌의 겉모양 대로 기둥을 깎아 돌과 기둥이 딱 맞도록 하는 작업으로, 그렝이질이 잘된 기둥은 어떤 충격에도 끄떡없지요.

지붕 뼈대 올리기

우선 세워진 기둥에 도리와 보를 올립니다. 도리는 가로 방향(좌우)으로 연결한 나무, 보는 세로 방향(앞뒤)을 연결하는 나무를 말해요. 이 작업은 지붕에 기와와 서까래를 올리기 위한 기초 공사가 됩니다. 이후 지붕의 또 다른 뼈대인 추녀, 평고대, 서까래를 올리면 지붕의 틀이 완성됩니다.

지붕의 제일 위에 올라가는 도리를 마룻대라고 해요. 마룻대에 홈을 파고 그 안에 집을 짓게 된 이유를 쓴 종이와 후손들이 집을 수리할 때 보탬이 되라고 금은보화를 넣은 뒤 막음을 한 다음 마룻대를 올리면서 고사를 지내지요. 이 고사를 '상량식'이라고 합니다.

기와 올리기

기와를 올리기 전 서까래 사이를 나무 판으로 막아 주는 개판 작업을 합니다. 그 뒤에 작업을 하면서 남은 얇은 나무나 껍질 등을 개판 위에 고루 올려 줍니다. 이를 적심 박기라고 해요. 이 작업은 무거운 기와의 무게를 분산시키고, 자동 습기 조절 장치 역할도 합니다.

적심 박기가 끝난 지붕에 진흙과 강회(생석회)를 섞은 흙을 뿌려 줍니다. 이 흙은 보토라고 하는데 겨울에는 냉기를 차단하고, 여

름에는 햇빛을 막아 줌과 동시에 방수 역할도 하지요.
이제 본격적으로 기와 올리는 작업이 시작됩니다. 볼록한 암키와를 먼저 올리고, 암키와들이 만나는 곳에 위로 볼록한 수키와를 올립니다. 이 작업이 잘 되어야 오래도록 튼튼한 지붕이 됩니다. 마지막으로 지붕 꼭대기에 용마루를 만들면 완성.

7 실내 공사하기

이제 본격적으로 벽과 바닥을 만듭니다. 수숫대나 싸리 가지로 외(가로세로로 엮은 나뭇가지)를 엮은 뒤 흙을 발라 벽을 만들고, 바닥에는 구들을 놓고 마루를 깝니다. 방바닥에는 종이 장판을 깐 뒤 콩댐을 하는데, 콩댐이란 불린 콩을 갈아서 들기름 등에 섞어서 바르는 것을 말해요. 콩댐을 한 장판은 오래 가고 윤과 빛이 납니다.
그 다음에는 문과 창을 답니다. 문과 창에는 무늬가 들어가는데 주로 남자들이 지내는 사랑채는 수수한 무늬를, 여자들이 생활하는 안채에는 화려한 무늬가 조각된 것을 답니다. 마지막으로 대문을 달면 한옥이 완성됩니다.

집이 아니라 예술 작품이로세!

어진 마음을 기르는 곳, 수인재

"아직도 주무셔유? 도련님, 동텄어유!"

돌쇠가 이세로를 깨웠어요.

"어서 일어나셔유. 세숫물도 떠 놓았고, 옷도 신발도 다 준비됐어유!"

그래도 이세로는 눈을 뜨지 않았어요.

"조금만, 아, 조금만 더……."

"오늘이 어떤 날인데 늑장이시래유. 신목수가 기다려유."

돌쇠는 찬 세숫물을 손바닥에 묻혀, 이세로 얼굴에 쓱 발랐어요.

"앗, 차가워!"

그때서야 이세로는 정신이 번쩍 들었어요. 깐깐한 신목수 얼굴을 떠올리자, 잠이 확 달아났습니다.

"알았다, 알았어."

이세로는 서둘러 궁궐로 갔어요.

오늘은 신목수가 대목장으로서 일을 끝내고, 임금님께 결과를 보여 드리는 날이에요.

안개가 살짝 낀 새벽, 후원은 어느 때보다 싱그러운 기운을 풍기고 있었어요. 후원 안에 단아한 서재가 단장을 마쳤기 때문이지요.

일찍 입궐한 공조의 대신들이 서재 앞에 모여 있었어요. 공조

판서 대감도 기다리고 있었지요. 한쪽에는 대목장인 신목수와 여러 장인들이 줄을 지어 서 있었고요. 그 속에는 이세로도 잘 아는 석수장이, 기와장이, 단청장이도 있었어요.

"주상 전하 납시오."

임금님과 세자 저하, 그리고 그 뒤를 따르는 내관들이 줄지어 들어왔어요. 기다리고 있던 공조의 대신들과 장인들이 허리를 숙여 임금님과 세자 저하께 인사를 올렸어요.

임금님은 지엄한 목소리로 신목수를 불렀습니다.

"목수 신 씨는 어떤 마음으로 이 서재를 지었느냐?"

신목수가 앞으로 나아갔습니다. 임금님 앞이라 긴장했는지 신목수 이마에 송골송골 땀이 맺혔어요.

"집은 사람의 처음이 열리는 곳이며 또한 생을 마감하는 곳입니다. 즉, 사람을 키우는 공간이라 생각하옵니다."

"그래서?"

근엄하신 임금님 앞에서 신목수는 담담히 말을 이어 갔어요.
"이 서재 또한 그러할 것입니다. 세자 저하의 학식과 덕이 태어나는 곳이며, 나아가 세자 저하의 큰 뜻이 자라나고 이루어지는 곳이 될 것입니다.
그리하여 우선, 밝고 큰 뜻을 키우시도록 양지바른 후원의 명당에 서재 터를 잡았습니다. 또한 높은 월대를 두어 그 위엄은 만백성을 굽어 살피시기에 부족함이 없도록 하였습니다. 앞으로 뻗은 누마루는 세자 저하의 마음이 자연과 통하고 있음을,

날렵한 처마의 곡선은 세자 저하의 뜻이 하늘에 닿음을 보이기 위함입니다."

신목수가 설명을 마치자, 임금님은 흐뭇한 웃음을 지었어요.

"그래, 신목수의 마음이 나와 다르지 않다. 세자, 마음에 드느냐? 이 서재는 너를 위한 아비의 마음이니라."

"성은이 망극하옵니다, 아바마마."

임금님은 세자 저하의 손을 꼭 잡았어요. 그리고 모든 사람들에게 들리도록 말했습니다.

"널리 백성을 굽어 살피는 어진 마음을 기르라는 뜻으로 이곳을 수인재라 하겠노라."

"성은이 망극하옵니다, 전하."

공조의 모든 대신들과 장인들이 모두 임금님께 머리를 숙였어요. 임금님은 이세로와 공조에게는 큰 상을, 신목수에게는 후학을 양성할 땅을 내렸어요.

"오늘은 세자의 생일이니, 함께 조정 신료의 인사를 받으러 가세나."

조정에는 문무백관이 모여 있었어요.

품계에 따라 신하들이 모두 늘어서자 조정이 꽉 찼습니다. 모두 세자 저하의 생신을 축하하기 위해 모인 신료들이었어요.

드디어 조회가 시작되었어요. 이세로는 이 광경이 어디서 보았던 것이 아닌가 하는 생각이 들었어요. 이세로가 처음 입궐하던 날, 조정에 서서 상상했던 바로 그 장면이에요. 그때 상상했던 것처럼 멋진 광경이었지요.

지엄하신 임금님과 세자 저하 앞에 문무백관이 붉고 푸른 물결이 되어 엎드렸어요. 이세로도 푸른 물결이 되어 절을 올렸습니다.

임금님은 문무백관에게 큰 소리로 일렀어요.

"세자는 이 나라의 봄이며 미래이니라. 명심하라."

이세로는 관직에 나가 맡은 첫 임무를 무사히 마쳤어요. 아니, 뿌듯한 마음이 들 정도로 잘 해냈지요. 수인재 현판이 걸리는 순간, 기쁜 마음에 와락 눈물이 솟기도 했는걸요.

세로는 홀가분한 마음으로 궁을 나섰어요. 궐 밖으로 나서자 입궐할 때와는 세상이 달리 보였어요.

저 멀리 하늘의 구름과 산의 능선이 펼쳐지고, 그런 자연에 한 점 거스름 없이 지어진 집들이 보였어요. 지붕의 기와 하나하나, 건물을 지탱해 주는 기둥 하나하나가 모두 짓는 이의 정성과 노력으로 만들어졌다는 것을 느낄 수 있었어요.

집집마다 아이들이 태어나고 꿈이 이루어지겠지요. 사람이 죽으면 흙으로 돌아가듯, 허물어도 그저 나무이고 돌인 우리의 집을 생각하며 이세로는 타박타박 길을 걸었어요.

"어디 가시는 거래유?"

옆에서 돌쇠가 물었지요.

"초가삼간이라도 내 집이 최고라지 않더냐. 집에 가서 편히 쉬고 싶구나."

그 시간, 집에는 편지 한 통이 이세로를 기다리고 있었어요. 고향에서 급하게 올라온 편지였지요.

편지에는 무슨 사연이 적혀 있을까요? 과연 이세로는 집에 가서 편히 쉴 수 있을까요?

옛날 사람들은 어떤 집에 살았을까? 한옥 체험 마을

 ### 도심 속에 펼쳐진 한옥의 멋 – 북촌 한옥 마을

경복궁과 창덕궁, 종묘 사이에 자리한 북촌 한옥 마을은 전통 한옥이 밀집해 있는 서울의 대표적인 전통 주거 지역입니다.

북촌에는 사적 5곳, 서울시 민속자료 4곳, 유형 문화재 3곳, 문화재 자료 1곳 이외에 계동길, 석정 보름 우물과 광혜원 터 등이 있고, 우리나라 최초의 목욕탕인 중앙탕 등 흥미로운 장소들이 많이 있어요.

 ### 슬로우 시티 – 전주 한옥 마을

전주시 완산구 교동과 풍남동 일대 7만 6,000여 평에 700여 채의 전통 한옥으로 이루어져 있습니다. 판소리·춤·타악 등 전통 공연을 관람할 수 있는 전주 전통문화 센터, 막걸리·청주의 제조 과정 관람과 시음까지 할 수 있는 전주 전통술 박물관, 숙박을 하면서 한옥을 직접 체험할 수 있는 전주 한옥 생활 체험관, 전통 공예품을 전시하는 전주 공예품 전시관 및 명품관 등이 있습니다.

 가장 오래된 민가 - 아산 맹씨 행단

조선 전기 청백리로 유명한 맹사성이 살던 집으로, 원래 고려 후기에 최영 장군이 지은 집이라고 전하기도 합니다. '행단(杏壇)'이란 선비가 학문을 닦는 곳이라는 뜻인데, 이곳은 우리나라 일반 백성이 살던 집 중에서 가장 오래된 건물 가운데 하나로 알려져 있어요. 정면 4칸, 측면 3칸의 ㄷ자형 평면집으로, 중앙 2칸에 커다란 대청마루를 두고 좌우에 온돌방을 각각 두었습니다. 사적 109호로 지정되었으며, 조선 전기 민가의 모습을 잘 알 수 있는 소중한 유산입니다.

 사대부의 품격이 느껴지는 한옥 - 일두 정여창 고택

남도 지방의 대표적인 양반 가옥으로 꼽히는 이 고택은 정여창 선생이 죽은 후 선조 무렵(1570년대)에 지어졌습니다. 3천여 평의 넓은 집터에 솟을대문, 행랑채, 사랑채, 안채 등 12동의 건물들이 들어서 있습니다. 대문을 들어서면 바로 보이는 사랑채는 ㄱ자 팔작집(네 귀에 추녀를 달아 지은 집)으로 돌 축대가 높직하고 추녀는 하늘로 비상하려는 듯 시원스럽습니다. 사랑채 옆 일각문을 통해 안채로 들어서면 마당이 길게 뻗어 아래채와 연결됩니다. 중요 민속자료 제186호로 지정되어 있습니다.

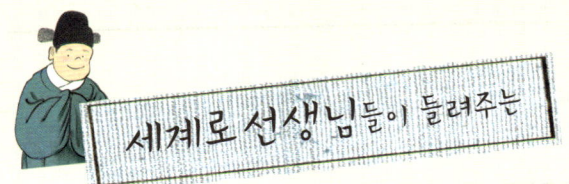

우리 한옥 이야기

세로와 함께하는 한옥 짓기 재미있었나요?

예로부터 우리 조상들은 "자연을 거스르지 않고 하나가 되는 것이 삶의 덕목 중 제일이라."고 여겼습니다. 한옥에도 이런 정신이 깃들어 있어서 자연에 순응하며 슬기롭게 살았던 우리 조상들의 소박한 삶이 배어 있답니다.

한옥의 가장 큰 특징은 북쪽 지방에서 발달한 온돌과 남쪽 지방에서 비롯된 마루가 한 건물에 함께 있다는 점입니다. 구들은 지독히 추운 북녘에서 움집 바닥에 고래를 만들어 난방을 하면서 생겼으며, 마루는 기온이 높고 습기가 많은 남녘에서 시원하게 살 수 있게 높은 나무에 집을 지으면서 생겨난 구조입니다.

마루를 이루는 나무와 아궁이에서 생기는 불은 서로 상극이기에 세계의 어떤 건축에서도 이 둘을 같이 놓는 예는 찾기가 어렵습니다. 그런데 놀랍게도 우리 조상들은 이 둘을 절묘하게 조합하여 추위와 더위 모두에 대응할 수 있도록 집을 지었습니다. 더운 여름에는 대청마루에서 시원하게 생활하며, 추운 겨울에는 온돌로 따뜻하게 덥힌 방안에서 지낼 수 있도록 한 것이지요.

또한 한옥은 친자연적인 집입니다. 집터를 잡기 위해서 주위의 나무를 벤다든지 산을 깎는 등 인위적으로 자연을 훼손시키지 않고 최대한 자연 그대로의 멋을 살려 둡니다. 땅 역시 수평을 이루지 않더라도 일부러 깎아서 평지를 만들지 않고 경사 그대로를 활용하는 경우가 많습니다. 한옥을 지을 때 쓰이는 나무와 돌, 흙 같은 재료 또한 모두 자연에서 가져온 것들이에요. 그러다 보니 나중에 한옥을 헐어도 그 속에서 나온 쓰레기는 환경을 오염시키지 않고 다시 자연으로 돌아갑니다.

'온고지신(溫故知新)'이라는 말이 있습니다. 옛것을 익히고 그것을 미루어서 새것을 안다는 뜻입니다. 조상들의 지혜가 담긴 김칫독에서 김치냉장고를 개발해 냈듯이, 한옥 구석구석에 숨어 있는 놀라운 장점을 오늘날 우리 삶에 적용한다면 또 다른 기발한 아이디어가 탄생하지 않을까요?

사진 출처

20 창경궁_김도경 | 21 창덕궁, 경운궁, 경복궁, 경희궁_김도경 | 23 삼지창_맹유미
23 부시, 잡상, 드므, 차일고리_김도경 | 23 해태_이상량 | 61 투막집_독도 박물관
61 제주도 민가_성읍 민속 마을 | 80 한옥 아궁이, 구들고래《온돌문화 구들 만들기》
116 북촌 한옥 마을_맹유미 | 117 아산 맹씨 행단, 일두 정여창 고택 _김도경

이선비, 한옥을 짓다

펴낸날 2011년 12월 30일 초판 1쇄, 2025년 3월 10일 초판 14쇄
지은이 세계로 | **그린이** 이우창 | **감수** 김도경
펴낸이 신광수 | **출판사업본부장** 강윤구 | **출판개발실장** 위귀영
아동인문파트 김희선, 설예지 | **출판디자인팀** 최진아, 박지연 | **저작권업무** 김마이, 이아람
출판사업팀 이용복, 민현기, 우광일, 김선영, 신지애, 허성배, 이강원, 정유, 정슬기, 정재욱, 박세화, 김종민, 정영묵, 전지현
출판지원파트 이형배, 이주연, 이우성, 전효정, 장현우
펴낸곳 (주)미래엔 | **등록** 1950년 11월 1일 제16-67호 | **주소** 서울시 서초구 신반포로 321
전화 미래엔 고객센터 1800-8890 | **팩스** 541-8249 | **홈페이지 주소** http://www.mirae-n.com

ⓒ세계로 2011

ISBN 978-89-378-8508-2 74910
ISBN 978-89-378-4587-1 (세트)

* 책값은 뒤표지에 있습니다.
* 파본은 구입처에서 교환해 드리며, 관련 법령에 따라 환불해 드립니다. 다만, 제품 훼손 시 환불이 불가능합니다.

KC 마크는 이 제품이 공통안전기준에 적합하였음을 의미합니다.
사용 연령: 8세 이상